연대한다는 것

연대한다는 것

2019년 7월 25일 초판 4쇄 펴냄

지은이 서영선
그린이 임미란
기획 길도형
펴낸이 길도형
디자인 우디
인쇄 · 제본 우성아트피아
펴낸곳 장수하늘소
출판등록 제406-2007-000061호
주소 10212 경기도 고양시 일산서구 덕산로 250 2층 우측
전화 031-923-8668
팩스 031-923-8669
E-mail jhanulso@hanmail.net

ISBN 978-89-94627-09-0 74330 / ISBN 979-89-94627-45-8(세트)

초등학생이 꼭 만나야 할 민주사회 이야기

연대한다는 것

커피콩을 따는 아이들

글 · 서영선 | 그림 · 임미란

장수하늘소

머리말

슬픔을 나누고 아픔을 함께하는 힘 연대!

2011년 6월 11일 부산 영도의 한 중공업 회사 앞에 버스들이 멈춰 섰습니다. 버스의 이름은 '희망버스'. 그 버스들은 무슨 희망을 품고 거대 중공업 회사를 찾았던 걸까요?

중공업 회사의 거대한 타워 크레인 높은 곳에는 한 여성 노동자가 벌써 몇 달째 농성을 하고 있습니다. 그이의 이름은 김진숙. 이십여 년 전 우리나라 최초의 여성 용접공이 되어 중공업 회사에서 일하며 살아왔습니다. 그런데 몇 년 전 그 회사가 경영 상태가 나빠졌다면서 노동자들을 마구 해고한 것입니다.

노동자들은 옳지 않은 정리해고 반대를 외치며 파업을 시작했습니다. 그러나 회사는 노동자들의 요구를 무시했고, 노동자들의 파업 투쟁을 강제 해산시키려 했습니다. 그에 맞서 김진숙 씨가 타워 크레인에 올라가 목숨을 건 싸움을 시작한 것이지요. 그러나 노동자들의 힘은 약했고, 그들의 고통과 외침 또한 잘 전해지지 않았습니다.

이때 트위터 같은 사회적 네트워크를 통해서 노동자들의 고통을 나누자는 시민들의 생각이 모아졌습니다. 그리고 삽시간에 많은 시민들이 노동자들과 연대하는 뜻에서 그 회사를 항의 방문하기로 했습니다. 조금씩 돈을 모아 버스를 마련했고, 마침내 6월 11일 '희망버스'라는 이름의 버스를 몰아 부산 영도로 향했습니다.

그 버스에는 대학생, 동화작가, 영화배우, 시인, 소설가 등에 이르기까지 다양한 시민들이 타고 있었습니다. 그들은 우리 사회가 좀 더 서로를 배려하고 아픔을 나누는 아름다운 세상이 되기를 바라는 마음으로 모여 부산 영도의 중공업 회사 노동들에게로 간 것입니다. 이렇게 생각을 행동으로 옮겨 함께 할 줄 아는 마음이 바로 '연대의 정신' 이랍니다.

누군가 가난 때문에 힘겨울 때, 의롭지 못한 힘에 억압 받으며 두려움에 떨 때, 문맹이기 때문에 여성이기 때문에 억압받고 차별받을 때, 비록 나와 생각이 다르더라도 그 고통과 슬픔을 함께 하고 나누는 것! 그것이 바로 '연대의 힘이고 정신' 입니다.

너무 어려운 일 아니냐고요? 그럴 수도 있지만, 우리의 작은 마음부터 보태는 거예요. 누군가의 아픔을 보고 내 가슴이 짠해지면, 나는 이미 그이의 아픔에 동참하고 있는 것입니다. 마음부터 나누어 보세요. 연대는 그렇게 아주 작은 데서부터, 마음으로부터 시작하거든요.

왕따를 당하는 친구가 있으면, 그 친구의 친구가 되려고 힘써 보세요. 하루 종일 커피콩을 따거나 축구공을 꿰매야 하는 가난한 나라 친구들을 위해 연대할 수 있는 방법은 무엇일까요? 엄마 아빠가 직장에서 해고되어 힘든 시간을 보내고 있는 친구들을 위해 내가 연대할 수 있는 방법은 무엇일까요? 여러분이 겨레의 통일을 위하여 북한의 친구들과 연대하고 싶을 때 어른들은 여러분을 위해 무엇을 해야 할까요?

사람과 세상의 연대를 위하여 어른들은 언제나 여러분에게 답을 해야 하고, 여러분은 어른들의 또 다른 스승이 되어 주어야 한답니다.

2011년 7월 서영선

차례

1. 서로 일손을 도와요

장 서방네 가을걷이

장 서방은 요란한 매미 울음소리에 부스스 눈을 떴어요. 창문을 열어 보니까 마당 구석 울타리 옆에 서 있는 감나무에 붉게 물든 감이 주렁주렁 매달린 게 눈에 들어왔어요. 하나 따서 입에 넣으면 단물이 배어날 것 같아 입맛이 당겼지요.

'어여 일어나야지. 오늘은 우리 집 가을걷이 날이지. 좀 있으면 품앗이꾼들이 몰려들 텐데…….'

장 서방은 찌뿌드드한 몸을 일으켜 기지개를 켜며 혼자 중얼거렸어요.

"여보, 일어났어요? 이제 좀 있으면 장정들이 들이닥칠 텐데, 옷이라도 걸쳐야죠?"

아내가 큿소리로 남편을 부르며 방안으로 들어왔어요. 어느결에 준비했는지, 김이 모락모락 나는 아침 밥상을 내려놓았어요. 김치겉절이에 고추, 된장뿐인 단출한 상차림이었지만, 밥

만은 수북하게 하늘을 향해 솟아 있었어요. 고소한 참기름 냄새가 솔솔 나자 뱃속이 아우성을 쳤지요.

"임자도 한 술 뜨지? 오늘 힘들 텐데."

숟가락으로 크게 밥 한 술을 뜨며 장 서방은 아내를 끌어당겨 앉혔지요. 장정들 새참 준비하랴, 논일 거들랴, 종종걸음으로 뛰어다닐 아내가 안쓰러웠어요. 비록 큰살림은 아니지만, 바지런하고 알뜰한 아내 덕에 이나마 논마지기라도 부치며 사는 것이지요.

"아이고, 제가 하는 게 뭐 있다고요. 서방님이 오늘 힘쓰게 생겼으니, 없는 찬이라도 꼭꼭 씹어서 많이 드세요."

그러면서 김치겉절이를 손으로 쭉 찢어 남편 숟가락에 먹음직스럽게 올려 주었어요.

"아이고, 깨를 볶나? 알콩달콩 고소한 내가 여기까지 나네. 어이, 장 서방. 깨는 그만 볶고 어여 일하러 나가세. 해가 하늘 꼭대기에 걸렸어."

이웃집 김 서방이 사립문을 기세 좋게 열어젖히며 설레발을 쳤어요.

"예끼, 몹쓸 사람! 마나님과 더 있다 올 것이지, 왜 꼭두새벽부터 들이닥치나 그래?"

장 서방은 반가우면서도 그렇게 퉁을 놓았어요. 좀 뒤에 매무새를 가다듬은 아내가 나와 반갑게 인사를 건넸어요.

"아침식사는 하셨어요? 없는 찬이라도 이이와 함께 한 술 뜨셔요."

김 서방은 손사래를 치면서도 못 이기는 척 안방으로 들어와 장 서방과 마주앉았어요. 식사가 거의 끝나 갈 무렵, 장정 예닐곱 명이 하나둘씩 사립문 안으로 들어와 툇마루에 걸터앉았어요. 아내가 식혜를 한 사발씩 돌려 다들 목을 축였지요.

"해거름 되기 전에 가을걷이를 끝내려면 어여 갑시다. 어제는 손 서방네, 내일은 김 첨지네……, 서둘러 가을걷이를 끝내야 등 좀 방바닥에 붙이지요."

성미 급한 배 서방은 이렇게 말하며 늘어지게 하품을 해대는 사람들을 재촉했어요.

"어이, 내일은 김 첨지네야? 아이고야, 그 집은 일손은 안 보태면서도 품은 지나치지 않고 꼬박 얻으려 하

네? 그거 무슨 똥배짱이야?"

유 서방의 뼈 있는 말에 장정들이 모두 고개를 끄덕였어요. 본래 서로 바쁠 때 돕기 위해 생긴 게 '품앗이'이건만, 제 바쁠 땐 손을 빌리고, 남 바쁠 땐 고개를 외로 꼬는 심통을 꼬집은 말

이지요.

"어이, 장 서방! 소리 한 번 뽑아 보라고!"

구불구불한 논길을 따라 걸으면서 심심했는지 소리를 잘하는 장 서방에게 사람들이 이렇게 주문했어요.

"어디, 그냥 가기도 심심한데, 소리 한 번 뽑아 볼거나? 별달거리 하늘 보고 별을 따고 땅을 보고 농사짓고 덩덩 쿵덕쿵덩 덩쿵덕쿵 올해도 대풍이요, 내년에도 풍년일세."

장 서방의 선창에 흥에 겨운 사람들이 뒷소리를 매겼어요.

"우리도 내년 이맘때에는 농악대 좀 만들어 봐야 하지 않겠어? 구 서방이 상쇠를 맡으면 어디 안 되겠나?"

"맞습니다, 형님. 우리 마을도 신나게 풍물을 앞세워서 모내기며 가을걷이 좀 해 보자고요!"

소리로는 장 서방이 으뜸이요, 풍물로는 구 서방이 첫손꼽았

어요. 구성진 노랫가락은 사람들의 흥을 돋우고, 힘든 농사일을 재미나게 해 주었어요. 힘든 농사일이지만, 힘을 보태고 모여서 함께 일을 하니 저절로 힘이 나고 즐거웠지요.

품앗이가 무엇일까요?

'품앗이' 란 힘든 일을 서로 거들어 주면서 품을 지고 갚고 하는 일이에요. 여기서 말하는 '품' 은 어떤 일에 드는 힘이나 수고를 말해요. 따라서 품앗이는 서로 노동력을 교환하여 돕는 공동 노동으로, 일을 하는 '품' 과 교환한다는 '앗이' 가 결합된 말이지요. 옛날, 농촌에서 가까운 이웃끼리 힘든 일을 서로 도우면서 생긴 말이에요. 가래질하기, 모내기, 물대기, 김매기, 가을걷이, 풀베기, 이엉 엮기, 퇴비 만들기, 길쌈하기 등 많은 일손이 필요할 때 서로 도우면서 시작되었던 만큼, 역사가 오래된 것이랍니다. 말 그대로 우리 겨레의 서로를 돕고 나누는 정신이 살아 있는 미풍양속이었지요.

두레나 향약도 있었어요

두레나 향약도 품앗이와 비슷한 거예요. 두레는 농촌에서 만들어진 것으로, 서로 돕는 공동체 조직이에요. 주로 마을 사람들이 모여 두레를 만들었어요. 우두머리를 좌상(영좌)이라 하고, 두레를 표시하는 깃발이 있었어요. 모인 사람들에 따라 남자두레, 여자두레 또

는 형두레, 아우두레 등 이름을 붙이는데, 그 종류가 아주 많았어요. 열 명 남짓한 이웃 사람들끼리 모인 작은 두레가 있는가 하면, 마을 사람 모두가 참여한 큰 두레도 있었어요. 모내기, 물대기, 김매기, 벼베기, 타작 등 논농사나 마을의 공동 잔치, 논농사가 끝난 뒤 놀이도 함께 했어요.

마을 사람들이 스스로 만든 품앗이나 두레와는 달리 향약은 양반들이 권해서 만들어진 농촌 공동체 조직이에요. 두레와 비슷했지만, 조선시대 후기로 오면서 양반들의 입김이 거세지자 신분이 낮은 하층민들 중에는 향약을 싫어하는 사람들이 많아졌답니다.

2. 가난한 나라의 아이들을 도와요

커피콩을 따는 아이들

마리아는 엄마가 재우쳐 부르는 소리에 간신히 눈을 떴어요. 창밖으로 붉은 불덩어리가 막 떠오르고 있는 게 보였어요. 아마도 5시 30분일 거예요.

시계보다 더 정확한 엄마는 이 시간이면 어김없이 마리아를 깨우거든요. 좀 더 누워 있다가는 엄마의 매서운 손길을 피할 수 없겠지만, 오늘은 몸이 무겁고 머리가 깨질 듯 아팠어요.

'딱 십 분 만 더 잤으면 좋겠어. 아, 너무 졸려!'

엄마의 재촉을 들으면서도 어느 새 까무룩 잠이 들었나 봐요. 등짝을 마구 때리는 엄마의 매운 손길에 마리아는 무거운 몸을 일으키면서 왠지 눈물이 핑 돌았지요.

올해 열한 살인 마리아는 이 집의 맏딸이에요. 한참 학교에 다닐 나이이지만, 마을의 다른 집 아이들과 마찬가지로 학교에 가는 날은 손에 꼽을 정도예요. 그 대신 매일매일 커피 농장으로 출근하지요.

엄마를 도와 아침 준비를 하고, 그날 먹을 점심 도시락을 싸고, 동생들을 씻기는 것은 아침마다 마리아가 해야 할 몫이에요. 아무리 몸이 아파도, 쓰러지지 않는 한 농장에 가는 것은 하루 세 끼 밥을 먹는 것보다 더 당연한 일이지요.

바로 밑의 여덟 살짜리 동생 호나두도, 일곱 살 재니도, 다섯 살 조나단도 심지어 젖먹이 동생 제라드도 모두 함께 커피 농장에 가요. 그러면 집에는 아빠인 호난 씨만 혼자 병석에 누워 있을 뿐이에요.

모두 잠이 덜 깬 눈으로 보잘 것 없는 이른 아침을 먹고 엄마를 따라 집을 나섰어요. 마리아는 늘 하던 대로 젖먹이 동생 제라드를 업었어요.

커피 농장이 있는 산골짜기로 가려면 잰걸음으로 한 시간 거리라서 일곱 시까지 도착하려면 부지런히 발을 놀려야 해요. 오늘은 집을 막 나서는 참에 응아를 한 제라드 때문에 출발 시간이 다소 늦어졌어요. 지각하면 일당이 깎이기 때문에 어떻게 해서라도 시간을 맞추려고 엄마는 아무 말도 없이 앞장서서 걸었어요.

먼지가 뿌옇게 이는 비포장도로로 접어들자, 마리아네와 마

찬가지로 커피 농장으로 향하는 가족들 모습이 보였어요. 마리아의 학교 친구인 유리아가 커다란 바구니를 들고 바쁜 걸음을 놀리고 있었지요. 마리아는 반갑게 인사를 건넸어요. 유리아가 알아보고는 반갑게 웃으면서 재잘거렸지요.

과테말라의 11월은 커피 열매를 따는 시기. 마리아 키를 조금 넘는 커피나무에는 빨갛게 익은 열매가 촘촘히 매달려 있었어요. 빽빽하게 엉겨 있는 나뭇가지 사이에 매달린 커피 열매를 따는 데는 아이들 손이 가장 좋은 도구였어요.

단단하게 익은 커피 열매를 하나하나 손으로 따는 마리아의 손은 붉게 물들다 못해 검게 변해 있었지요. 어느 새 손은 텄다가 아물 사이 없이 또 텄다가 갈라지고 물집이 잡히고, 이제는 굳은살이 앉아 있었어요.

10월 중순, 방학을 한 뒤에는 엄마 손에 이끌려 농장에 나오는 아이들의 수가 많이 늘었어요. 아주 가끔 학교에 가는 마리아는 사실 글자도 제대로 못 읽지만, 별로 부끄럽지 않아요. 같이 초등학교에 다니는 애들 가운데에 글을 제대로 읽고 쓰는 아이도 몇 안 되거든요. 사실 커피 열매를 따는 데 글자가 무슨 필요가 있겠어요? 한 개라도 더 따서 우리 가족이 굶지 않는 게 더 중요하지요.

마리아는 잽싼 몸놀림으로 나뭇가지 사이를 옮겨 다니며 썩지 않은 커피 열매를 훑어 바구니에 담느라 정신이 없었어요. 호나두는 커피 열매를 포대에 꽉 채워 어깨에 메고 무게를 재러 가느라 종종걸음 쳤어요.

낮 한 시, 점심 시간을 알리는 나팔 소리가 들렸어요. 마리아는 엄마를 대신해 길바닥에 모닥불을 피우고 익숙한 솜씨로 또르띠아를 굽기 시작했어요. 젖먹이 동생을 빼곤 모두 또르띠아를 맛있게 먹고 다시 일터로 돌아갔어요.

이젠 커피 열매를 분류하는 작업을 해야 해요. 미국의 커피 대기업에 팔리는 제일 잘 익은 상품과 과테말라 사람들이 먹는 하품을 구분하는 것이지요.

오늘 마리아 가족이 딴 분량은 자루로 두 포대, 15파운드 정도 되는 무게였어요. 이 정도면 7달러를 벌어요. 아빠가 있을 땐 더 많은 일을 할 수 있었지만, 이것이 마리아네 다섯 사람이 할 수 있는 최고 분량이에요.

마리아는 저녁을 할 땔감 나무를 머리에 이고 집으로 향했어요. 젖먹이 동생은 엄마가 대신 업었어요. 고단한 하루 일이 드디어 끝났어요. 어느 새 해는 뉘엿뉘엿 지고 있었지요.

학교 대신 농장에 가는 아이들

아프리카나 중남미의 많은 어린이들은 하루 열 시간 이상 일을 하며 살아요. 그러나 그렇게 일해도 손에 들어오는 돈은 정말 적어요. 고사리 같은 손으로 커피콩을 따는 마리아도 그런 아이 가운데 하나예요. 온가족이 매달려 일을 해도 근근이 먹고 살 정도로 가난하고 힘들기 때문에 공부는 꿈도 못 꿔요. 이런 나라들이 가난한 이유는 나라 안팎의 크고 작은 전쟁을 겪었기 때문이에요. 전쟁으로 모든 것을 잃은 사람들은 농장이나 공장에서 얼마 되지 않는 돈을 받고 힘들게 일해야 하지요.

공정 무역이 뭘까요?

마리아 가족이 모두 매달려 온종일 힘들게 일하고도 가난한 건 일한 만큼 충분히 돈을 받지 못하기 때문이에요. 그런데 그 까닭은 뭘까요? 공장이나 농장에서 만들어진 것은 대부분 다른 잘 사는 나라로 팔리는데, 잘 사는 나라의 회사에서는 싼값에 질 좋은 물건을 갖기를 바라지요. 그래서 공장 주인이나 농장 주인은 헐값으로 사람을

써서 자기가 더 많은 이익을 챙기려고 해요. 어린이들을 열 시간 넘게 부리면서도, 주는 돈은 쥐꼬리라는 걸 알게 된 사람들은 이렇게 결심을 했어요. 조금은 손해보고, 비싼 값에 물건을 사더라도 그 곳에서 일하는 사람들이 조금이라도 더 많은 대가를 가져가게 하자는 거지요.

엄마 아빠가 마시면, 친구가 더 많은 돈을 벌어요

우리나라에서 팔리는 커피 값은 아주 비싸지만, 사실은 과테말라를 비롯한 중남미를 비롯해서 브라질, 아프리카, 동남아시아 등의 개발도상국에서 싼값에 수출된 거예요. 수입한 나라들은 소비자들에게 비싸게 팔아 큰 마진을 남기고 있지요. 커피를 수출하는 농장들은 싼값에 수출하는 만큼 가난한 사람들에게 헐값을 줘 가며 일을 시키지요. 그게 무슨 문제냐고요? 나 혼자 잘 사는 사회가 아니라, 같이 잘 사는 사회가 되어야 지금 벌어지는 세계의 전쟁, 환경 오염 등의 문제가 없어진다고 생각하는 사람들도 있어요. 그렇게 이웃을, 이웃 나라 가난한 이들을 생각하는 마음을 가진다면, 전 세계가 서로 돕고 사는 지구촌이 될 수 있을 거예요.

3. 여자들의 힘을 모아요

모여라, 여자!

제니는 퉁퉁 부은 발과 다리를 끌며 집으로 돌아갑니다. 연신 밭은 기침이 터져 나오는 입을 손으로 틀어막은 채 말이에요. 제니가 겨우 방으로 들어서자 같은 방을 쓰는 사라가 마실 물을 한 대접 건넸어요. 그렇지만 제니는 어지러움 때문에 머리를 감싸 쥐고 벽에 몸을 기댔어요.

"계속 기침을 해서 어떡하니? 병원에 가 봐야 하는 거 아냐?"

"병원은 무슨? 내 월급이 몇 푼이나 된다고 병원에 가겠니?"

제니는 고개를 저었어요. 제니가 다니는 공장은 하루에 열여덟 시간씩이나 일해야 했어요. 그렇게 장시간 노동에 시달렸지만, 제니가 받는 월급은 제니 혼자서 한 달 먹고 살기도 빠듯해요. 그런 처지에 병원이라니요?

그러면서도 제니는 더럭 겁이 났어요. 얼마 전, 같이 일하던 공장 친구 레이나가 폐병에 걸려 시름시름 앓는 것을 보았거든요. 처음엔 대수롭지 않은 기침으로 시작했지만, 몇 달 지나지 않아 피를 토하더니 결국 병원에서 '폐결핵' 진단을 받았지요.

제니가 다니는 섬유 공장에서 레이나같이 폐병으로 공장을 그만 두는 직원이 적지 않았어요.

밤새 기침을 한 제니는 무거운 몸 탓에 마지못해 자리에서 일어났어요. 그때 사라의 기침소리가 들렸어요. 나일론 공장에서 일하는 사라는 값비싼 나일론 자랑을 하곤 했지만, 요새 와서는 건강이 좋지 않은 것 같았어요. 나일론 냄새가 역겹다며 구역질을 하고, 가끔 기침을 하곤 했지요. 자기는 말처럼 튼튼하다며, 그게 다 공기 좋은 시골에서 자랐기 때문이라고 늘 자랑을 하곤 했어요. 그런데 요새 들어선 얼굴빛이 검게 변한데다 명랑하던 성격도 신경질적으로 바뀌어 가고 있었어요.

걱정이 된 제니는 사라의 방문을 두드렸지만 인기척이 나지 않았어요. 살며시 문을 열고 들어가 보니, 사라가 곤히 잠들어 있었어요.

"사라야, 이제 일어나야지. 안 그러면 지각해."

그런데 이런! 사라의 몸이 불덩이였어요. 혼자 허둥대던 제니는 옆방 청년 톰에게 도움을 청했어요.

"폐결핵 말기입니다. 어떻게 환자가 저 상태가 되도록 내버

려 두었습니까?"

무엇보다도 놀란 건 제니였어요. 사라가 그 지경이 되도록 몰랐다니요! 거기다가 손쓰기도 어려운 폐결핵 말기라니!

"선생님, 어떻게 고칠 수 있는 방법이 없을까요?"

"어렵습니다. 조금만 일찍 왔어도……, 그냥 환자가 먹고 싶다는 것 사 주고, 편히 쉬도록 해 주세요."

사라를 입원시킨 제니는 더 이상 지체할 수 없어 공장으로 향했어요. 작업장 문을 열자 텁텁한 공기가 숨통을 조여 왔어요. 천에서 나는 먼지가 덩어리져 공기 중에 떠다녔지요. 게다가 공장 안은 비좁고 사람이 많아서 다들 비지땀을 흘리며 일하고 있었지요. 기계에서 내뿜는 열기도 만만치 않았지요. 아무리 봐도 사람이 있을 만한 곳은 아니었어요. 이런 곳에서 몇 년 동안이나 일해 왔다니! 사라가 폐결핵으로 쓰러진 것을 보니, 자기도 머지않아 그렇게 될 것 같아 무서웠어요.

점심시간, 도시락을 먹고 있는 제니에게 미란다가 다가왔어요. 똑 부러진 성격의 고참 직원이지요.

"제니, 이번 3월 8일에 여성 노동자들을 위한 집회가 열리는데, 너도 갈래?"

"무슨 집회인가요?"

"작업장을 깨끗하게 만들고, 월급도 올려 달라는 거지. 이렇게 공기 나쁜 곳에서 오래 일하면 머지 않아 모두 폐병으로 죽고 말 거야. 하지만 우리가 뭉치지 않으면 사장은 절대 한 푼도 더 내놓지 않을 걸?"

제니는 더럭 겁이 났지만, 사경을 헤매는 사라를 떠올리니 더 이상 두려울 게 없다는 생각이 들었어요.

드디어 3월 8일, 뉴욕 루트거스 광장은 수많은 여성들의 물결로 뒤덮였어요.

"가혹한 노동 착취를 중단하라!"

"여성과 임신에 해가 되는 위험한 작업을 중단하라!"

제니는 처음에는 무서웠지만, 많은 사람들의 열기에 휩싸여 차츰차츰 큰 목소리로 이렇게 외치고 있었어요.

"폐병으로 죽고 싶지 않다! 친구와 가족을 잃고 싶지 않다!"

'세계 여성의 날'에 대해 알고 있나요?

1908년, 미국에서는 한 피복 회사 여성 노동자 146명이 불에 타 죽는 일이 벌어졌어요. 이 일은 그 동안 힘들어도 참고 지내던 여성 노동자들의 분노를 돋우었지요. 당시 여성 노동자들은 하루 12~18시간에 걸쳐 일하면서도 월급은 남성들보다 훨씬 적게 받았고, 불빛도 없는 캄캄한 곳에서 일했어요. 열 살 남짓한 어린이들도 이처럼 나쁜 환경에서 기계에 매달려 일했답니다. 이에 여성 노동자들은 3월 8일, 뉴욕 루트거스 광장에 모여 '빵과 참정권'을 요구했어요. '가혹한 노동 착취를 중단하라.', '여성과 임신에 유해한 작업을 금지하라.', '산전 산후 8주 동안의 출산 휴가 등 모성 보호에 대한 보호 조치를 취하라.' 등이 그들이 요구한 내용이었지요. 이들의 시위는 여성들도 힘이 있고, 단결할 수 있다는 걸 보여 주었어요. 그래서 그 일을 기억하기 위해 3월 8일을 '세계 여성의 날'로 정해서 세계 여러 나라에서 기념하고 있지요.

여성노동자들의 단결을 그린 우리나라 영화

2009년 만든 김미례 감독의 영화 〈외박〉은 2007년 6월 30일 밤 시작된 대형 마트 '홈에버' 여성 노동자들의 510일 동안의 파업을 그린 영화예요. 비정규직 보호법안 시행을 하루 앞둔 6월 30일, 회사는 비정규직 노동자인 여성 노동자들을 무더기로 해고했어요. 여기에 생계가 걸린 여성 노동자들은 자신들을 해고한 회사 측을 상대로 한 투쟁을 시작했지요. 단 며칠이면 끝날 줄 알았던 복직 투쟁은 무려 일 년 반이라는 긴 시간을 끌게 됐어요. 이 영화에서는 회사 측과 정부의 탄압과 교묘한 이간질에도 굴하지 않고 끝까지 포기하지 않는 여성 노동자들의 복직 투쟁의 과정을 통해서 우리나라 일하는 여성들의 고통스런 현주소를 적나라하게 보여 주고 있답니다.

4. 함께 모여 어려운 이웃을 도와요

무지개가게

연이는 엄마 손을 꼬옥 붙잡고 '무지개가게' 안으로 들어갔어요. 가게 안에는 장난감부터 책, 색색의 옷들이 가지런히 정리돼 있었어요. 오늘은 요즘 부쩍 자라 맞는 옷이 없는 연이 옷을 사려고 들른 거예요.

"연이야, 이 점퍼 색이 참 곱다. 이거 입을래?"

엄마가 고른 빨간 점퍼는 마치 새 옷처럼 때깔이 곱고 예뻤어요. 연이 마음에 꼭 들었지요. 엄마의 주머니 사정이 염려되어 연이는 얼른 가격표를 곁눈질로 보았어요. 7천원. 어머나, 세상에! 가을 점퍼 값이 이렇게 싸다니요! 곧 연이 얼굴이 환해졌어요. 엄마는 깔끔하게 꾸며 놓은 매장 이곳저곳을 돌며 여러 가지 옷을 골랐어요. 빨간 점퍼, 노랑 스웨터, 면 티셔츠 세 벌, 청바지, 면바지가 연이의 것이 되었어요.

"이 정도면 이번 가을을 날 수 있겠지?"

엄마가 얼굴 가득 함박웃음을 지으며 물었어요.

연이는 그 말에 고개를 끄덕이며 이렇게 생각했어요.

'엄마가 늘 저렇게 즐겁게 웃으신다면 얼마나 좋을까?'

얼마 전, 다리를 다친 뒤 엄마 얼굴은 늘 어두웠어요. 왜 그러냐고 물으면 괜찮다며 얼버무리지만, 연이는 다 알고 있어요. 아빠가 돌아가신 뒤 집안 형편이 넉넉지 않다는 것, 엄마가 벌어서 먹고 사는데, 한 동안 공장에 나가지 못해 생활 형편이 쪼들린다는 걸요.

연이는 엄마가 마음 아파하실까 봐 모르는 척, 밝은 척하고 지내지만 사실은 다 알아요. 하지만 엄마는 모를 걸요. 엄마는 연이가 아직도 어린아이인 줄만 알거든요. 사실 어른들은 다 그래요. 그래서 이웃들이 엄마에게 걱정하며 묻는 것도, 염려 섞인 말을 건네는 것도 다 알거든요.

"모두 4만 원입니다. 봉투에 넣어 드릴까요?"

이렇게 여러 벌을 샀는데도 4만 원이라니? 얼마나 가벼운 가격인가요!

엄마는 지갑에서 빳빳한 지폐 네 장을 꺼내 옷값을 냈어요. 연이는 가슴을 쓸어내렸어요. 엄마가 옷을 사러 가자며 집을 나설 때부터 마음이 무거웠거든요. 요새 공장에도 못 나가는

데, 옷을 사러 가는 건 말도 안 된다고 생각했었죠.

"새 옷은 아니지만 입을 만한 옷이니까 깨끗하게 입으렴. 엄마가 새 옷도 한 벌 제대로 못 사주고, 우리 연이에게 너무 미안하구나."

이렇게 말하면서 엄마는 하늘만 쳐다보았어요. 그런 엄마의 눈시울이 붉어진 것을 연이는 놓치지 않았어요. 아빠가 살아 있을 땐, 연이도 남부럽지 않은 공주였지요.

"엄마, 난 이제 공주 싫어요. 공주처럼 입고 다니면 친구들이 놀린다고요!"

연이는 일부러 씩씩하게 대답했어요. 엄마는 그런 연이를 물끄러미 바라보더니 머리를 쓰다듬으며 이렇게 말했어요.

"우리 연이가 이젠 철이 다 났구나. 그래, 가난한 건 불편한 거지, 부끄러운 일이 아니란다. 연이가 밝고 씩씩하게 자라 주어서 엄만 너무 고마워."

연이는 엄마 손을 꼭 쥐었어요.

"엄마가 이렇게 제 곁에 있어서 얼마나 좋은데요. 새 옷이나 멋진 장난감 따윈 필요 없어요. 엄마만 건강하게 오래오래 있어 주면 돼!"

엄마와 연이는 서로 마주보고 활짝 웃었어요. 6개월 전 돌아가신 아빠 생각이 나서 눈물이 핑 돌긴 했지만요.

그때 차에서 커다란 박스 여러 개를 내리는 아주머니 모습이 보였어요. 두 사람은 누가 먼저랄 것도 없이 다가가서 짐 옮기는 것을 도왔지요.

"아유, 짐이 아주 많네요. 이게 다 뭐예요?"

궁금했는지 엄마가 이렇게 물었어요.

"아, 네. 안 쓰는 물건들이랑 옷가지랑 정리해서 가지고 오는 길이에요. 부끄럽게도 제가 사들이기를 잘해서 이렇게 짐이 많아졌네요. 전 필요 없는 물건이지만, 깨끗하게 썼으니까 필요한 사람들이 가져가서 도움이 됐으면 좋겠네요."

그 말에 웬일인지 연이 얼굴이 붉게 달아올랐어요.

"아껴 쓰고, 나눠 쓰면 형님 좋고 아우 좋잖아요? 저도 여기서 애들 장난감이며 옷 좀 보고 가려고요. 쓸 만한 물건을 더 비싼 값 주고 살 필요는 없으니까요. 안 그래요? 호호호."

아름다운 가게가 있어요

2002년, '아름다운재단'이라는 시민 단체가 만든 '아름다운가게'라는 곳이 있어요. 우리나라에서는 처음으로 재활용품을 파는 가게였지요. 헌옷과 책, 가방, 신발, 주방용품 등 중고 물품을 기증 받아서 자원 봉사자가 손질해 가게에 내놓아서 팔았지요. 물건 팔고 남은 돈은 불우한 이웃을 돕는 데 쓰거나, 가난한 나라의 어린이들이 더 많은 돈을 받고 일할 수 있게 돕고 있어요. 큰돈을 들이지 않고도, 재활용해 쓰고 나눔을 실천할 수 있다는 교훈을 보여 준 가게예요.

무지개가게가 실제 있어요

2002년에 설립된 '사회연대은행'은 가난한 사람들이 가게를 꾸려 나갈 수 있게 돈을 빌려 주는 곳이에요. 일반 은행에서는 돈을 빌리기 어려운 사람들에게 돈을 빌려 주는 사회 단체이지요. 사회연대은행은 주머니 사정이 비교적 넉넉한 사람들이 돈과 힘을 합쳐 가난한 이웃을 돕자는 생각으로 시작되었어요. 생계가 막막해 생활하기가 힘들었던 사람들이 이 은행에서 빌린 돈으로 가게를 차려 이젠

남부럽지 않게 살게 됐어요. 여기서 돈을 꾸어 만든 가게에는 '무지개가게' 라는 별명이 붙어요. 지금 우리나라에는 천여 개의 무지개가게가 있는 셈이지요.

도움을 도움으로 갚는 아름다운 사람들

몇 년 전, 한 텔레비전 프로그램에 나온 주꾸미 가게 사장인 김청옥 아주머니도 사회연대은행의 도움으로 일어난 사람이에요. 남편이 갑작스럽게 세상을 떠난 뒤 10여 년 동안 홀로 어렵게 세 아이를 키우던 아주머니의 생활은 너무도 힘들었어요. 그러던 중 2008년, 사회연대은행의 도움으로 인천에 주꾸미 가게를 열었는데, 바지런한데다가 음식 솜씨까지 좋아서인지 장사가 잘 됐어요. 주꾸미 프랜차이즈 가게 2, 3호 점을 낼 만큼 인기를 끌었지요. 가장 어려울 때 사회연대은행의 도움으로 새 삶을 얻게 된 아주머니는 프랜차이즈로 번 돈을 사회연대은행에 기부하고 있어요. 도움을 도움으로 갚는 아름다운 사람의 모습이지요.

5. 힘을 모으면 무엇이든 할 수 있어요

돼지저금통으로 낸 선거 자금

저녁 식사 뒤, 졸린 눈으로 인터넷을 검색하던 고단해 씨의 눈이 번쩍 뜨였어요. 흥미로운 광고가 눈길을 끌었거든요.

'우리 손으로 대통령을 만듭시다.
잘못된 점은 낱낱이 밝히고,
서민들의 가려운 곳은 시원하게 긁어 주고,
거짓말 못 하는 정직한 사람, 나보다 남을 먼저 생각하는 사람, 정직해 씨를 대통령으로 만듭시다.
돈이 없어도, 좋은 대학을 나오지 않아도, 거짓말을 하지 않아도 대통령이 될 수 있는 나라라는 것을 보여 줍시다!
우리 손으로 대통령을 만들 수 있다는 것을,
국민들이 가진 힘이 무섭다는 것을 만천하에 보여 줍시다!'

대통령 선거 날까지는 겨우 몇 달밖에 남지 않았어요. 사실 정직해 씨를 믿고 따르는 사람이 많고, 이름만큼 정직하고 능력이 있다는 건 누구나 알고 있는 일이었죠. 고단해 씨도 드러내 놓고 말은 안 했지만, 은근슬쩍 정직해 씨를 대통령 후보로 점찍었어요. 그러나 가난한 살림살이 때문에 대통령 후보로 나오기는 어려워 보인 터라 선거에서 누구를 대통령으로 뽑아야 할지 막막하던 참이었어요.

고단해 씨는 고단한 몸을 컴퓨터 모니터에 바짝 들이대며 뭐라고 씌어 있는지 낱낱이 그 내용을 읽기 시작했어요. 정직해 씨를 따르는 사람들이 국민들에게 호소하는 글이었지요. 국민들이 돈을 모아 대통령 선거를 치르자는 거였어요. 후보 등록 자금도 만들고, 선거 비용도 만들자는 거였어요. 큰돈 들이지 않고도, 검은돈을 끌어들이지 않아도, 여러 연줄을 이용하지 않아도 대통령이 될 수 있는 세상을 만들자는 거였어요.

'돈 없이도 대통령이 될 수 있는 나라라니! 꿈은 좋지만, 과연 그게 될까?'

고단해 씨는 잠시 이렇게 생각했어요. 그 밑에는 돈이 있는 사람은 돈으로, 돈이 없는 사람은 자원봉사로 도움의 손길을 달라고 호소하고 있었어요.

고단해 씨는 자신이 원하는 사람이 후보가 되고, 정말 대통령이 되는 기적 같은 일이 일어난다면 괜찮을 거라 생각했어요. 얼마를 낼까 고민하고 있는데 잠옷 차림의 아이가 졸린 눈을 비비며 서재로 들어왔어요.

"아빠, 지금 뭐하고 있어요? 컴퓨터 보고 있었어요?"

아이는 고단해 씨 무릎 위로 올라앉으며 말을 건넸어요. 소해는 이제 초등학교 4학년. 고단해 씨는 이참에 아이와 정치 얘기를 나누는 것도 나쁘지 않겠다는 생각이 들었어요.

"소해야, 몇 달 뒤에 대통령 선거 하는 거 알지?"

졸린 눈을 비비던 아들은 뜬금없다는 표정이었어요. 그러나 예비 정치 교육을 하겠다는 소신에 가득 찬 고단해 씨는 잠이 확 달아나는 기분이었지요.

"넌 어떤 사람이 대통령이 되어야 한다고 생각하니?"

"글쎄요."

"정직하고 거짓말 안 하는 사람, 국민을 진정으로 생각하는 사람이 대통령이 되어야겠지?"

모범 답안 같은 아빠의 말에 소해는 지루하다는 표정이었어요. 어쨌거나 고단해 씨는 자기가 아는 모든 상식을 총동원하여 정직해 씨를 입에 침이 마르게 칭찬했어요. 그런데 아이의 반응은 영 엉뚱하지 뭐예요. 갑자기 아빠 무릎에서 뛰어내리더니, 부리나케 자기 방으로 달려가는 거예요.

그 순간, 고단해 씨는 어찌할 수 없는 무력감과 좌절감을 맛봐야 했지요. 아이에게 정치 교육 시키려다 쇠망치로 한 대 얻어맞은 것 같았어요.

그런데 아들이 황금빛 돼지저금통을 낑낑거리며 들고 오는 거였어요.

"아빠, 저도 후원금을 낼래요. 그렇게 좋은 분이라면, 꼭 대통령이 되

어야죠. 제 손으로 만든 대통령을 보고 싶어요!"

고단해 씨는 감격해서 순간 자리에서 벌떡 일어나 아들을 꼭 껴안았어요. 거친 수염이 싫다며 아들이 몸을 떼려 해도 막무가내였죠.

드디어 선거 날, 뜬눈으로 밤을 샌 부자는 눈에 핏발이 서 있었어요.

"야호! 드디어 해냈다! 우리가 대통령을 만들었어!"

느닷없는 환호에 놀란 엄마가 거실로 뛰어나왔어요. 까치집 진 머리, 부스스한 차림새, 똑같은 얼굴의 쌍둥이 같은 부자가 깡충거리며 뛰어다니고 있었어요. 그 모양새가 우스운지 엄마가 깔깔거렸어요.

대통령을 만든 사람들

우리나라에서 실제로 있었던 일을 비슷하게 이야기로 꾸민 거예요. 몇 년 전 고인이 된 노무현 전 대통령 이야기이지요. 1988년, 5공 비리 청문회에서 거침없는 비판으로 화제에 오른 노무현 의원은 '청문회 스타' 로 사람들의 사랑을 받았지요. 2002년, 국민들의 지지로 대통령 후보가 되었지만, 대통령 선거에 들어가는 막대한 돈이나 인력이 모자라 고전했어요. 그는 지지자들과 함께 국민들에게 도움을 청했고, 많은 사람들이 조금씩 모아 준 돈으로 대통령 선거를 치르고, 대한민국의 16대 대통령에 당선되었어요.

국민들의 정신적 지도자, 넬슨 만델라

남아프리카공화국(남아공)의 인권 운동가였던 만델라는 20대부터 40여 년 동안 꾸준히 남아공의 흑인 차별과 인권 탄압에 맞서 싸웠어요. 만델라의 곧은 정신과 의지를 높이 산 국민들이 결국 그를 대통령으로 뽑았지요. 만델라는 대통령이 된 뒤, 흑백 차별을 없애고 민족 화합을 이루기 위해 노력했어요. 자신의 삶을 국민들에게 바친

만델라에게 국민들은 사랑과 믿음으로 보답했어요. 결코 끝나지 않고 바뀌지 않을 것 같던 흑백 차별을 바꾼 것은 만델라 한 사람이 한 일이 아니에요. 그를 믿고 따르는 국민들, 그리고 그런 사람들이 함께 힘을 합쳐 세상을 조금씩 바꾸어 나갔기 때문이에요.

흑인들의 대부, 마틴 루터 킹

약 백여 년 전만 해도 미국 사회는 흑인들을 죽여도 아무리 차별하고 괴롭혀도 큰 죄가 되지 않았어요. 그런 미국 사회에 약 60여 년 전 마틴 루터 킹이라는 흑인 목사가 백인들의 흑인 차별에 맞서 위대한 투쟁을 벌여 나갔어요. 킹 목사는 흑인들에게 차별과 억압에 맞서려면 무엇보다도 '단결'을 해야 한다고 말했어요.

그렇지만 킹 목사는 모두 힘을 합치되 폭력적인 방법을 쓰지 않는 길을 택했어요. 그렇게 힘을 모아 투쟁한 결과, 흑인들도 마음 놓고 버스에 탈 수 있게 됐고, 선거할 수 있는 권리를 쟁취했지요.

6. 연대의 힘으로 지구를 살려요

아픈 지구를 구출하라!

"회의 도중에 흔치 않은 일이겠지만, 여기 모인 여러 나라의 대표께서 분명 들을 필요가 있을 것이라 생각해서 이 같은 자리를 마련했습니다. '아픈 지구를 구출하는 모임'의 어린이 대표 새라 코이즈의 연설을 듣고 회의를 계속하겠습니다."

사회자인 가브리엘 제이크스가 갑자기 회의를 중단하더니 이렇게 말했어요. 그 순간, 문이 열리고 한 소녀가 연단을 향해 또박또박 걸어 나왔습니다. 새라 코이즈였어요. 불끈 쥔 새라의 손은 가늘게 떨렸지만, 각국 대표들을 마주 보고 선 표정은 당당했어요. 이런 자리에 처음 서 본 아이답지 않게 침착하게 자기 소개를 마친 새라는 이렇게 주장했어요.

"저는 어린 아이일 뿐입니다. 그렇지만 저는 우리 모두 하나이며, 하나의 목표를 향해 행동해야 한다는 것을 압니다. 저는 분노하지만, 눈멀지는 않았습니다. 저는 세상을 향해 이렇게 말하고 싶습니다."

새라는 이글거리는 눈빛으로 사람들을 둘러보았어요.

"우리는 너무 많은 쓰레기를 만들어 내고, 사고 버리는 행위를 되풀이하고 있습니다. 또 불필요하게 많은 것을 가지고 있으면서도 나누지 않습니다."

새라의 연설문은 구구절절 옳은 말이었고, 걱정과 진심이 어려 있었어요.

"저는 아이일 뿐입니다. 그렇지만 전쟁에 쓰이는 돈을 가난한 이들을 위해 쓰고 환경 문제를 해결하는 데 쓴다면, 이 지구가 얼마나 멋진 곳으로 바뀔지 알고 있습니다. 여러분은 미래의 우리를 위해 이 자리에 왔다는 것을 잊지 마십시오. 저희에게 깨끗한 환경을 물려주기 위해 최선을 다해 주세요."

새라의 연설이 끝났어요. 드문드문 박수를 치는 대표들을 따라 우레와 같은 박수 소리가 뒤이었어요. 열두 살 아이가 침착하게, 진심을 다해 던진 한 마디 한 마디는 이기적인 어른들을 향한 꾸짖음이었지요.

"우리는 미래의 새라, 새라의 자식들을 위해 이 회의를 하고 있다는 걸 잊어서는 안 됩니다. 또한 여기 서 있는 새라 코이즈 양이 이 회의에 참석하기 위해 여러 어린이들이 낸 돈으로

비행기 표를 샀다는 것을 기억해야 합니다. 아이들이 바라는 미래, 아이들이 꿈꾸는 미래가 무엇인지 우리는 육성으로 직접 들었습니다. 이들의 바람을 저버려서는 안 될 것입니다."

가브리엘의 말에 회의장이 찬물을 끼얹은 듯 조용해졌어요. 아이들의 미래, 인류의 미래, 나아가서는 지구의 미래가 자신들의 어깨에 걸려 있다는 책임감을 느낀 것이지요. 회의장에는 무거운 침묵이 흐르고, 간간이 한숨 소리도 들렸어요.

환경을 보존하고, 지구의 생물을 보호해야 한다는 것에는 누구나 동의하지만, 대표들은 자기 나라의 입장을 대변하는 역할을 맡은 것이기 때문이에요. 벌써 여러 해 전부터 이처럼 지구

환경을 지키기 위해 세계적인 회의를 열고, 약속을 해야 한다는 주장이 나왔어요. 하지만 나라마다 입장이 달라서 이렇게 모이는 것만 해도 진땀 빼야 했지요. 못 사는 나라는 이런 문제에 신경 쓸 엄두를 못 내서, 잘 사는 나라는 자기 나라의 이득을 챙기려고 이런 회의를 차일피일 미뤄 왔지요.

"이거야 원! 새라 양의 말에 전적으로 동의하지만, 나라 입장은 그게 아니니……."

한 나라의 대표가 옆 사람에게 귓속말을 했어요.

"그렇지요. 백 번 말하면 뭐 합니까? 환경을 지키자니 경제가 울고, 경제를 지키자니 지구가 아프고."

서로 수군대는 대표들은 동병상련의 심정이었어요.

여러 나라의 대표들과 시민 단체 대표들의 연설이 끝나자, 가브리엘이 다시 연단에 올랐어요.

"오늘 우리는 지구의 미래를 책임지는 막중한 임무를 띠고 이 자리에 모였습니다. 자기 나라의 이해득실만을 따진다면, 지구에는 내일이 안 올지도 모릅니다. 오늘 배부르게 먹으면 뭐 하겠습니까? 내일 살 곳이 없어지면, 돈도 힘도 권력도 아무 것도 아닙니다. 특히 힘이 있는 나라가 모범을 보여야 합니다. 앞장서서 약속을 하고, 지키고, 돈을 내야 합니다."

가브리엘은 강하게 자신의 주장을 펼쳤어요. 그러나 각 나라 대표들은 난감한 표정을 지을 뿐이었지요.

곧 '누가 옳으니, 그르니'를 놓고 끝도 없는 신경전이 벌어졌어요. 자기 나라 이득을 포기하지 않고 버티는 몇몇 강대국의 모습도 보였어요. 결국 마라톤 회의 끝에 몇 가지가 협의되었어요. 그러나 더 세세한 얘기는 다음 회의로 미뤄졌어요.

결국 지구를 살리기 위해 온 세계가 힘을 모으고 연대하자는 열두 살 소녀의 외침은 각 나라들의 이해와 견제 속에서 길을 잃고 말았지요.

지구 온난화 방지 약속을 했어요

1992년, 브라질 리우데자네이루에서 열린 국제 회의인 '리우회의' 에는 전 세계 185개 나라 정부 대표단이 모였어요. 이 회의는 지구 환경 보전 문제를 논의하려고 열린 것이었지요. 회의에 참가한 나라들은 지구 환경 보호를 위해 노력할 것을 약속하고, '지구 온난화 방지 협약' , '생물종다양성 보존 협약' 등 몇 가지 협약을 맺었어요. 이 같은 성과를 남겼음에도 몇몇 협약은 세계 최강대국인 미국이 자기 이익을 포기하지 않겠다며 거세게 반대하는 바람에 제대로 이뤄지지 못해서 아쉬움을 남겼어요.

리우회의 연설자로 나선 열두 살 소녀

실제로 리우회의에서는 열두 살 먹은 캐나다 소녀 세번 스즈키가 연설을 했어요. 당시 에초(ECHO-환경을 지키는 어린이 조직)의 대표였던 스즈키는 어른들에게 일침을 놓는 연설을 해 많은 관심을 받았어요. 회의에 참가하기 위해 6천 마일을 비행했는데, 그에 필요한 경비는 모금으로 모았어요. 어른들에게 "미래의 주인인 아이들을 위해

살아가는 방식을 바꿔 달라."는 말을 하기 위해서였지요. "전쟁에 드는 돈을 환경 문제를 해결하는 데에, 그리고 가난한 사람들을 돕는 데 쓴다면 미래가 바뀔 것"이라는 똑부러진 연설을 했답니다.

세계어린이환경회의도 열려

'툰자 세계어린이환경회의' 는 유엔의 환경 전문 기구인 '유엔환경계획' 의 '어린이환경국제회의' 예요. 환경 단체나 학교에서 활발하게 환경 활동을 해 온 전 세계 어린이들이 한데 모여 자신들의 경험을 이야기하고, 나중에 어떻게 일할 것인지 생각해 보는 자리랍니다. 1995년 처음 열려 한 해 걸러 한 번씩 열리고 있어요. 2010년에는 우리나라에서 이 회의가 열리기도 했지요. 관심 있는 친구들은 아래 홈페이지로 들어가 보세요.

▶ 유엔환경계획 홈페이지: http://www.unep.org

▶ 유네스코한국위원회 홈페이지: http://www.unep.or.kr

7. 작을수록 힘을 합쳐요

40년 만의 포옹

ㅈ마트 주인 정중해 씨와 ㄱ마트 주인 김구래 씨는 앙숙이에요. '마트' 라는 물 건너 온 이름은 찾아볼 수도 없던 시절, '구멍가게' 로 불리던 때부터 아옹다옹 다투던 사이였어요. 오죽하면 동네 사람들이 둘을 놓고 '황야의 결투' 니 '개와 고양이' 니 '닭 쫓던 개 지붕 쳐다본다' 느니 하겠어요?

골목 하나를 사이에 두고 마트를 하는 두 사람은 제 몸에 생채기 내는 짓도 서슴지 않았어요. 한 번은 이런 일도 있었지요. ㅈ마트에서 '파격 세일' 을 실시해 돼지고기 100그램을 60원에 팔았지요. 손님들이 몰려드는 걸 눈뜨고 볼 수 없던 김구래 씨는 10분 뒤 초특가 세일을 단행했어요. 돼지고기 100그램에 50원. 좀 뒤엔 ㅈ마트에서 40원으로, ㄱ마트에선 30원으로……. 결국 그 날 장사는 하나도 남는 게 없었다나요? 그렇게 손해를 보면서도 두 사람 사이는 하나도 좋아지지 않았어요.

어느 날의 일이에요. 정중해 씨가 물건을 실은 트럭을 몰고 오다가 시동이 꺼져 차가 딱 멈춰 서 버린 게 아니겠어요? 하필이면 바로 ㄱ마트 앞이었지요. 그 모습을 본 김구래 씨는 고소해서 배를 움켜쥐고 웃다가 그만 너무 웃어서 병원에 실려 갈 정도였어요.

화가 난 정중해 씨가 아무도 몰래 바나나 껍질을 수십 개 뿌려 놓고 골목 뒤에 숨어서 지켜보고 있었지요. 병원에 다녀 오던 김구래 씨는 어두워서 앞을 보지 못하고 차에서 내리다가 바나나 껍질을 밟고 그대로 나뒹굴었어요. 그나마 차문을 잡아서 다행이지, 안 그랬으면 뇌진탕을 당했을지도 모를 일이에요. 그 모습에 정중해 씨는 입이 헤벌어지고, 숨죽이며 웃느라 뒤로 넘어갈 뻔했어요.

"정중해 이 놈! 감히 여기다 바나나 껍질을 놔뒀어? 어디 이 녀석, 잡히면 가만히 안 둘 테다!"

다행히 위기를 넘긴 김구래 씨는 고래고래 소리를 지르며 눈앞에 정중해 씨가 있으면 당장 잡아 주리를 틀 것처럼 굴었어요. 정중해 씨는 그 기세에 눌려 꼬리를 내리고 한달음에 달아나 버렸지요.

다음날 아침, 출근한 정중해 씨는 화부터 버럭 냈어요.

“이런 돼지 같은 녀석! 팔불출, 멍게, 해삼, 말미잘 같은 놈! 감히 어디라고 여기다 응가를 퍼다 놔? 잡히면 가만히 안 둘 테다!“

그래요. ㅈ마트 앞엔 개똥, 소똥, 말똥, 고양이똥……. 정체불명의 똥바가지가 범벅되어 구린 냄새를 풍기고 있었어요. 밤새 ㅈ마트 앞에서 누군가 실례한 게 아니라면 이처럼 많은 똥들이 넘쳐 나겠어요? 덕분에 마트 직원 한심해만 죽도록 청소를 하

느라 토악질을 해 대며 구시렁댔지요.

그런 두 사람을 동네 사람들이 두고 보고만 있었느냐고요? 물론 여러 차례 둘을 화해시키려고 노력했죠.

그러나 그때마다 결과는 번번이 실패! 다들 두 손 두 발 다 들고 물러난 상태랍니다. 둘을 달래려고 물심양면 노력하던 조화해 씨는 오히려 양쪽에서 몰매까지 맞을 뻔했다니까요.

사실 이 둘의 싸움은 아주 작은 일로 시작되었답니다. 다들

먹고 살기 힘들던 시절, 구멍가게 주인 정중해 씨가 '동네' 라는 이름을 내걸자, 이에 격분한 김구래 씨가 "네가 동네 대표 가게냐?" 며 간판을 깨부수면서 시작됐지요.

그 뒤에 '원조 동네 구멍가게' 김구래 씨가 장사 수완을 발휘해 동네 사람들에게 외상을 주자, 정중해 씨는 '불법 상행위' 라며 시비를 걸었고요. 그 뒤부터 40년 동안, 두 사람의 막가는 싸움질은 동네를 시끄럽게 만들었어요.

그런데 이게 무슨 일인가요? 두 가게에서 겨우 50여 미터 떨어진 곳에 대형 할인 마트가 들어선다는 날벼락 같은 소식이 온 동네를 휩쓸었어요. 주변의 마트 주인들은 모두 입에 거품을 물고 이 얘기를 퍼 날랐지요. 그 소식이 있은 지 이틀 뒤, 동네 사람들은 기겁할 일을 목격했어요.

정중해 씨와 김구래 씨가 나란히 어깨동무를 하고 동네를 돌고 있는 희한한 장면을 본 거예요. 다들 자기 눈을 의심할 정도였죠. 머리에는 색깔도 선명한 빨간 띠를 똑같이 두르고 있었어요. 거기에는 이렇게 씌어 있었어요.

"동네 마트 다 죽이는 대형 마트 절대 안 돼!"

40년 원수가 하루아침에 40년 친구가 돼 버린 거예요. 가슴을 가로지른 띠에는 이렇게도 씌어 있었어요. "ㅈ마트와 ㄱ마트가 뭉쳤다, 대형 마트 각오하라!!"

두 사람은 동네를 돌며 서명을 받고, 같이 술잔을 나누며 다음날 행동 방침을 얘기하느라 뜬눈으로 보냈어요. 들리는 소문에 따르면 마트를 만들기로 한 회사 로비에 가서 어깨동무를 하고 드러누웠다는 얘기도 있어요. 사실 그 정도로 끝나지 않았다는 뒷얘기도 있지만요. 그 기세에 눌렸는지 대형 마트 소문은 슬그머니 사라졌어요.

그래서 둘이 화해했냐고요?

글쎄요? 언제 그랬냐 싶게 물거품이 됐다는 '카더라 통신' 기자의 제보가 있었답니다.

구멍가게 잡아먹는 '대기업 구멍가게'

대형 할인 마트는 서울부터 제주도까지 어느 곳에서나 활개를 치지요. 그런 와중에 이젠 대기업들마저 동네 구멍가게로 눈을 돌렸어요. 아이들 간식이나 만두 한 봉지를 사기 위해 엄마들이 들르는 곳은 동네 구멍가게. 이 같은 틈새를 노려 대기업들은 동네 구멍가게보다 조금 더 큰 가게를 열어 소비자들의 발길을 잡고 있어요. 결국 대형 마트나 편의점의 틈바구니에서 간신히 살아남은 동네 마트나 구멍가게들이 살아남기 힘들다고 하소연하고 있어요. 또 그에 뒤지지 않기 위해 값을 내리거나 배달을 하는 노력을 기울이고, 서로 힘을 모으고 있어요.

동네 구멍가게가 손을 맞잡았어요

대기업들이 만든 동네 구멍가게가 터줏대감 격인 구멍가게를 몰아내자, 동네 구멍가게 주인들이 손을 잡았어요. 값을 내리고 배달을 하는 것만으로는 돈 많고 힘센 대기업과 경쟁하기 어렵지요. 따라서 동네 구멍가게 주인들이 함께 모여 대기업을 상대로 '사업 조

정 제도' 라는 법적인 대응을 하고 있어요. 이 사업 조정 제도는 대기업과 겨루기엔 힘이 부족한 중소 기업이나 작은 가게들을 위해 만들어진 거예요. 중소 기업이 주로 하는 사업엔 대기업이 손대지 못하게 한 것이지요. 아직 승패는 결정되지 않았어요. 과연 어느 쪽이 이길까요?

마을을 살린 올레길

'걷고 싶은 길' 로 이름난 제주도 올레길은 새로운 여행 코스로 인기가 높아요. 그런데 올레길이 지역 경제를 살렸다는 걸 알고 있나요? 올레길의 인기가 치솟으면서 근처 음식점이나 식당, 재래 시장, 동네 상점, 민박집 등 숙박 시설들이 활기를 띠고 있어요. 사실 그 동안 제주도는 2박 3일짜리 렌트카, 패키지 여행을 하는 곳이었지만, 지금은 '열흘짜리 도보 여행' 을 주로 하는 곳으로 바뀌고 있지요. 이곳에 여행객들이 머무는 기간이 길어질수록 지역 경제도 되살아나는 것이지요. 이처럼 좋은 아이디어와 노력이 합해지면 좋은 결과를 낳을 수 있어요.

8. 어려울수록 마음을 모아요

전통 두부 한 모의 희망

"이제 우리 마을은 다 망했네. '사래쌀' 하면 조선팔도 어디서나 알아주던 쌀이었는데."

"이거 논을 전부 갈아엎어 버리든가 해야지, 이러다간 비료 값도 못 건지겠어."

"대대로 벼농사로 남부럽지 않게 살아왔는데, 한 해 물난리로 농사를 망치다니! 허, 그거 참!"

"정말 큰일이야. 이대로는 내년에도 별반 건질 게 없겠어."

"이러다간 죄다 빚쟁이가 되고 말겠네. 이걸 어쩌면 좋겠나?"

사래마을에 하나뿐인 슈퍼마켓 앞에선 대낮부터 술판이 벌어졌어요. 쌀을 내다팔고 속이 상해서 온 사람들이 하나둘 자리 잡다 보니 어느 새 열 명이 모이게 된 거예요. 하나같이 표정이 어두웠어요.

지난해 극심한 물난리로 농사를 전부 망친 뒤, 빚을 내서 사들인 비료를 퍼 나르고 힘써 농사를 지었지만, 올해 역시 지난해와 다르지 않았어요. 논에 물이 차고, 땅이 거칠어진데다 해충이 들끓어서 거둬들인 쌀의 양이 무척 적었어요. 게다가 쌀의 질이 떨어져서 '사래쌀'을 믿고 찾던 소비자들마저 등을 돌렸어요. 사래마을이 생긴 뒤 가장 큰 위기가 닥친 거예요. 그러다 보니 마을 사람들은 희망을 잃고 푸념만 늘어놓거나 가게에 모여 술잔을 기울이면서 신세한탄을 했어요.

슈퍼마켓 주인 김 씨도 이들의 말에 고개를 끄덕였어요.

"이러다간 '사래쌀'은 모두 외면하고 말 거네. 큰일이야."

희망을 잃은 사람들은 일손도 놓고, 매일 가게에 모여 어두운 표정으로 넋두리를 늘어놓았어요.

그런데 단 한 사람, 마을 이장 유성호 씨만은 달랐어요. 매일 뭐가 그리 바쁜지 단 하나뿐인 양복을 빼입고 바깥나들이에 바빴어요. 그러자 마을 사람들은 이장에 대한 불만을 늘어놓기 시작했어요.

"아니, 도대체 그 잘난 이장님은 요새 어딜 그리 싸돌아다니는지 코빼기도 못 보겠네. 마을 꼴 참 잘 돌아간다. 사람들은 모두 죽겠다고 아우성인데 마을 이장은 혼자 바깥나들이가

왜 그리 잦은가?”

“우리가 이장을 잘못 뽑아서 이 꼴이 된 거야. 무슨 영화를 보겠다고 젊은 사람을 이장으로 앉혀서……, 역시 경험만큼 귀중한 재산은 없지. 쯧쯧.”

사람들은 마을이 잘못된 것이 모두 이장 탓인 양 분풀이를 해 댔어요. 그러나 유성호 이장은 그에 아랑곳하지 않았어요. 그렇게 한 달 넘게 시간이 흘렀어요.

어느 날, 이장이 동네 사람들을 모두 모이게 했어요. 이장의

나들이에 화가 난 마을 사람들은 고개를 외로 꼬고 자리에 앉아 있었어요. 그러나 그 모습을 보고도 이장은 너털웃음을 터뜨리며 이렇게 말하는 거예요.

"하하하, 다들 저한테 화나신 거 다 압니다.

이장이 마을은 돌보지 않고 어딜 그리 싸돌아다니나, 마을은 거덜 나기 일보직전인데……. 이렇게 생각하셨죠?"

사람들은 그 말에 콧방귀를 뀌었어요.

"저라고 하나뿐인 결혼 예복 입고 돌아다니고 싶었는지 아십니까? 넥타이 매고 다니느라 갑갑해 죽는 줄 알았습니다."

그래도 사람들은 차가운 눈빛으로 바라볼 뿐이었지요.

"마을을 살리는 방도를 구하고자 조선팔도를 돌아다녔단 말이지요. 사실 다들 아시다시피 이제 '사래쌀'은 죽었습니다. 지난해, 올해 내놓은 질 나쁜 사래쌀이 사람들 머리에 콕 박혔단 말이지요. 그렇다고 이대로 고향을 등질 건가요?"

넉살 좋은 이장의 말에 어느 새 사람들이 저도 모르게 고개를 끄덕였어요.

"그래서 무슨 좋은 방도를 구했소? 안 그랬다면 우릴 이렇게 불러 모으지도 않았을 거 아뇨?"

누군가 이렇게 물었어요.

"맞습니다. 우리에겐 아직 남은 무기가 있단 걸 깨달았습니다. 우리가 사시사철 빼놓지 않고 먹는 반찬이 무엇인가요? 바로 손두부이지요. 제가 돌아다니면서 맛있단 두부는 다 먹어 보고, 잘 만든단 두부 공장이며 전통 두부 마을들을 다 돌았습니다. 우리 것보다 맛있는 게 없습디다."

그 말에 사람들이 반신반의했어요. 이미 희망을 잃은 터라 좋은 이야기는 귀에 담기 어려웠지요. 그러나 젊은 이장의 설득은 끈질기게 이어졌어요. 여기저기서 모아온 자료와 사진들, 사람들 이야기들을 내세우며 '손두부'로 승부를 보자고 목소리를 높였어요. 이장의 열기에 하나둘 '다시 한 번 해보자.'는 의욕이 생겼어요.

농약을 치지 않고 키운 우리 콩으로, 전통적인 방법에 사래마을만의 비법을 살리기로 한 거지요. 수백 년 내려온 손맛을 살린 '전통 두부 한 모'에 희망을 걸기로 한 거예요. 얼마 전까지 그늘졌던 사람들의 표정이 다시 밝아지고, 눈빛이 반짝거렸어요.

산양 두 마리로 시작한 치즈 마을

지금은 누구나 '치즈마을'로 떠올리는 전북 임실 치즈 마을. 그러나 처음 시작된 것은 산양 두 마리를 키우면서부터이고, 그것도 사연이 깊대요. 그 마을 성당에 부임한 벨기에 출신 지정환 신부가 농민들에게 도움을 주고자 산양을 키우며 치즈 공장을 만들었던 것이 그 시작이래요. 사실 이곳도 농사를 짓는 다른 농촌 마을과 다를 바 없었지만, 마을을 살리기 위해 머리를 짜내던 중 '치즈를 만들어 보자.'는 데 의견이 모아졌대요. 그 뒤 마을 사람들의 노력으로 치즈를 만들고, 치즈 체험 교실 등을 열면서 치즈 마을이 유명해져 지금은 알아주는 부자 마을이 된 거예요.

주민들이 일군 산골의 기적

강원도 파로호 느릅마을에 사는 주민은 단 531명. 그러나 철마다 열리는 볼거리 가득한 행사와 캠프로 이 마을은 놀러 온 도시 사람들로 늘 북적여요. 여름 캠프, 생태 마을, 황토 펜션, 신나는 계곡 소풍, 화천 블루베리 음악 축제, 파로호 겨울 축제 등에 다른 지역 사람

들이 놀러 오고, 아예 이곳으로 농사를 지으러 오는 사람들도 늘어서 귀농 학교도 열어요. 사람들이 많이 놀러 오니 산골 마을의 수입이 늘어 이젠 부자 마을이 됐지요. 그런데 그 마을의 기적을 일군 건 다름 아닌 주민들이래요. 주민들이 똘똘 뭉쳐 캠프와 축제를 열고, 마을을 단장한 덕분이지요.

한 집 한 집이 중소 기업인 고추장 마을

'순창고추장' 은 우리나라 대표 고추장 브랜드 가운데 하나이지요. 우리나라 전통 고추장 마을의 최고봉인 전북 순창군 순창읍 백산리는 54가구 170명이 사는 작은 마을이에요. 하지만 한 가구가 벌어들이는 돈이 중소 기업 하나와 맞먹을 정도라니 정말 굉장하지요? 이렇게 되기까지는 순창군의 노력이 숨어 있다고 해요. 예부터 고추장으로 유명했던 마을을 부활시키려고 다시 한옥을 짓고, 고추장 명인 52명을 이곳으로 오도록 설득했어요. 고추장 제조 공장을 짓고 그에 따른 시설을 마련하는 등 노력을 기울인 결과, 오늘날 고추장 대표 브랜드로 성장한 거예요.

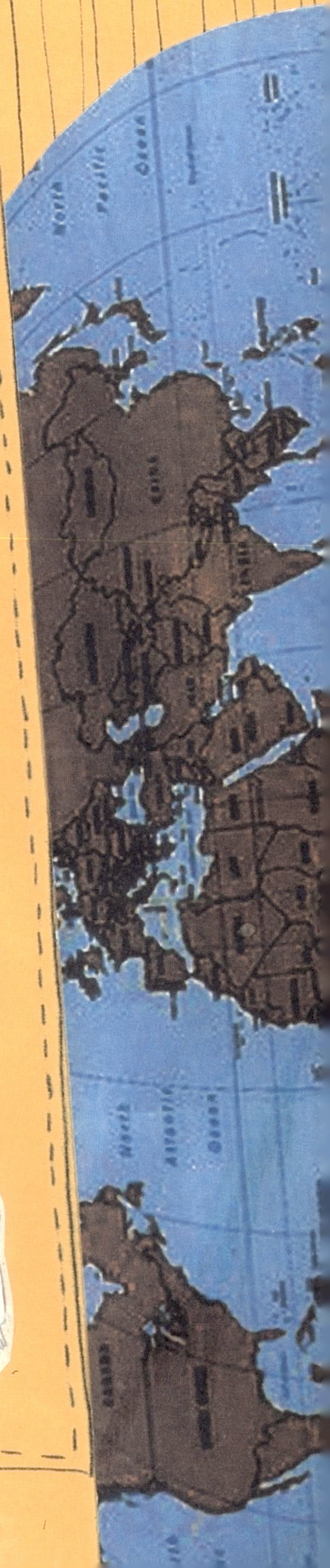

9. 소비자가 뭉치면 힘이 세요

나쁜 물건은 안 팔아요!

해님초등학교 앞 문방구는 아침부터 저녁까지 꼬마 손님들이 끊이지 않아요. 기껏해야 열 평 남짓한 가게지만, 넘치는 손님들로 너무 바빠 가게 주인 안심해 씨는 '도대체 쉴 틈이 없다!' 며 즐거운 비명을 지르기 일쑤였지요.

그런 어느 날, 한 학부모가 아이 손을 잡고 가게로 들이닥쳤어요.

"당신이 가게 주인이에요? 도대체 애한테 이런 물건이나 팔고! 우리 애가 이렇게 다쳤으니 어떡할 거예요?"

의자 위에 올라가서 가게 안 먼지를 털고 있던 안심해 씨는 기가 막혀서 두 눈을 부릅뜨고 돌아섰어요. 그런데 이게 웬일이에요? 초등학교 2학년쯤으로 보이는 아이는 눈에 안대를 하고 있고, 아이 엄마는 화가 나서 씩씩대고 있었어요.

"도대체 무슨 일 때문에 그러는지요? 자초지종을 들어야 뭐가 어떻게 된 일인지 알 수 있을 것 같아요!"

아이 엄마는 대뜸 가지고 온 총과 비비탄을 내밀었어요.

"이거 어제 아줌마가 판 거 맞죠? 그래요, 안 그래요?"

안심해 씨는 자기가 판 건지, 아닌지 기억이 잘 안 나 머리를 갸우뚱거리며 대답을 망설였어요. 하루에도 수백 명씩 손님이 드나드는지라 모든 손님을 일일이 기억할 수는 없었거든요.

"뭐예요? 어제 팔아 놓고 이제 와서 발뺌 하는 거예요?"

그러면서 아이 엄마는 속사포처럼 쏴 댔어요.

"어제 아이가 이 총을 사왔는데, 이 비비탄 총알에 아이가 눈을 다쳤어요. 잘못하면 실명할지도 모른다니, 도대체 이걸 어떻게 책임질 거예요?"

아이 엄마는 고래고래 소리를 질렀어요. 안심해 씨는 순간 눈앞이 깜깜했어요. 아이가 실명할지도 모른다니, 도대체 이걸 어쩌면 좋아요. 그러고 보니 어제 아이한테 총을 판 것도 같았어요.

"어머니, 흥분을 가라앉히시고……."

안심해 씨의 말이 채 끝나기도 전에 아이 엄마는 버럭 소릴 질렀어요.

"당신 같으면 흥분 안 할 것 같아요? 어떻게 책임질 거예요?"

복 사
코 팅
실내화
건전지

“제가 우선 장부를 확인해 보고…….”

“여기 해님문방구 맞죠? 우리 애가 분명히 어제 이 문방구에 서 이 장난감 총을 사왔다고요!”

안심해 씨는 아이 엄마의 서슬에 놀라 식은땀을 흘렸어요.

하지만 모든 일에는 앞뒤가 있는 법. 자신이 판 물건이 확실하다면 당연히 책임을 져야겠지만, 그런 게 아니라면 공연히 협박을 당하는 거잖아요. 안심해 씨는 서둘러 장부를 확인해 보았어요. 하지만 두 번 세 번 확인해 보아도 어제 판매한 총은 눈 씻고 찾아봐도 보이지 않았어요.

“저, 아주머니. 뭔가 착오가 있는 건 아닌지요? 어제 적은 장부에는 그 총을 판 기록이 없어요!”

그 말에 아이 엄마는 발을 동동 구르며 이렇게 소리쳤어요.

“아이한테 위험한 총을 팔아 놓고 이제 와서 발뺌을 해요? 이 가게 문 닫을 각오나 해요!”

아이 엄마는 막무가내로 협박을 하고는 아이 손을 잡고 사라졌어요. 안심해 씨는 어떻게 해야 할지 몰라 마음만 콩닥거렸어요.

‘여기 문방구는 세 군데야. 아마 다른 데서 판 물건일 거야. 내 장부엔 그걸 판 기록이 없는걸.’

그런데 이상한 일이 벌어졌어요. 밥 먹을 시간도 없을 정도로 들끓던 손님들의 발길이 뚝 끊어진 거예요.

듣고 보니 어제 그 아이 엄마가 발 빠르게 손을 썼다는 거예요. 온 학교 학생들이 문방구 출입을 못 하도록 엄마들을 선동해 '불매 운동'을 벌이고 있다는 거예요.

'안전사고 일으키는 장난감, 사지도 팔지도 맙시다! 해님초등학교 어머니 일동'이라는 커다란 현수막도 문방구 건물이며 학교 앞에 붙어 있었어요. 안심해 씨는 왠지 얼굴이 붉어지고 화끈거려 뒷걸음질 쳐서 가게 안으로 들어가고 말았어요.

그러기를 한 주째. 해님초등학교 앞 문방구 주인 세 명이 모두 모여 머리를 모았어요. 그 다음

날, 이런 현수막이 붙었어요.

'우리 문방구에서는 위험하고 나쁜 장난감은 절대 안 팝니다! 문방구 주인 일동'

장난감 총을 누가 팔았는지는 분명치 않지만, 결국 문방구 주인들이 서로 연대해서 책임지기로 한 거예요. 안심해 씨는 속으로 이렇게 생각했어요.

'난 위험한 물건을 안 파니 좋고, 엄마들은 안심해서 좋네.'

소비자가 뭉치면 큰 힘!

개인은 약하지만, 뭉치면 큰 힘을 발휘하지요. 큰 기업과 한 사람이 맞붙으면 '다윗과 골리앗의 싸움' 처럼 보일 거예요. 그러나 다윗이 거인 골리앗을 이겼듯이, 여러 명이 뭉치면 큰 힘을 보이기도 해요. 얼마 전 세계적인 미국 의류 회사가 한국에 매장을 열면서 미국에서보다 두 배 가까이 비싼 값을 매겼어요. 이를 안 한국 소비자들의 항의로 값을 내려 팔게 되었지요.

한편 세계적인 컴퓨터 회사 '애플' 사도 아이폰4의 수신이 잘 되지 않아 소비자들의 강력한 항의를 받았어요. 그에 대한 대책을 내놓지 않아 회사의 주식 값이 떨어지는 등 큰 타격을 입기도 했답니다.

'사거나' 또는 '안 사거나'

물건을 사는 소비자들은 사실 큰 힘을 갖고 있어요. 어느 회사이든지 그 곳에서 만든 물건을 안 산다면 망하는 것은 당연한 거니까요. 만약 소비자들이 똘똘 뭉쳐 어느 한 회사 제품을 사지 않기로 약속하면 그 회사는 아주 큰 곤란을 겪지요. 그런가 하면 소비자들이

힘을 모아 한 회사의 제품을 같이 사준다면, 그 회사는 부자가 되겠지요? 이처럼 소비자는 '사거나' (구매 운동) 또는 '안 사거나' (불매 운동)를 통해 소비자의 힘을 보여 줄 수 있답니다.

착한 소비를 하자!

비슷한 가격, 비슷한 디자인의 청바지가 있다고 생각해 봐요. ㄱ회사는 그 회사 직원들에게도 잘해 주고, 환경 문제에도 신경 쓰는 착한 회사예요. 그런데 ㄴ회사는 직원들을 마구 부리면서도 월급도 잘 안 주고, 청바지 물들인 염료를 마구 강에다 버리는 나쁜 회사예요. ㄱ회사와 ㄴ회사 제품 가운데 무엇을 사고 싶나요? 자기 회사 직원에게 제대로 월급을 주는 회사, 환경 문제에 신경 쓰는 회사, 좋은 일을 하는 착한 회사의 물건을 사는 게 바로 '착한 소비' 예요. 돈을 쓰는 소비자로서 착한 소비를 하는 것도 바람직한 일이 아닐까요?

10. 함께하면 마을도 살려요

오리가 둥실둥실

흔들흔들, 사사사삭.

바람이 불 때마다 초록 물결이 일렁여요. 공영길 씨는 훌쩍 자란 벼들이 밤새 내린 비에 바닥에 다 쓰러지지나 않았는지 걱정이 되어 마음을 졸이며 논두렁을 따라 걸어 내려왔어요.

저만치 앞에 논이 보였어요. 급한 마음에 논두렁을 훌쩍 뛰어넘어 첨벙첨벙 논으로 들어가 벼를 살펴보았어요. 장딴지만큼 올라온 줄기들이 찢어진 곳도 없고, 넘어진 것도 별로 없어서 공영길 씨는 가슴을 쓸어내렸어요. 쓰러진 벼들은 일으켜 주고, 진흙이 튄 벼들은 하나하나 찬찬히 씻어 주었어요.

지난 밤 비로 논에 물이 차올라 잘 자란 벼들이 썩을까 봐 가져온 삽으로 부지런히 물길을 터 주었어요. 다행히 비도 그치고 트인 물꼬로 빗물이 좔좔 잘도 흘러 내려갔어요. 어느 새 공 씨 할아버지의 얼굴에 구슬땀이 맺혔어요. 몇 시간 만에 논에서 나오며 아저씨는 이렇게 생각했지요.

'내일은 오리들을 데려 와야겠어. 잘 자란 벼들을 갉아 먹는 해충들을 잡아야지.'

그 날 저녁, 집에는 반가운 사람들이 와 있었어요. 서울에 사는 큰아들 내외가 손자를 데리고 내려온 거예요.

"내일이 현장 학습 가는 날인데, 다른 데 갈 것 없이 이곳에 내려오는 게 낫다는 생각이 들어서요. 우리 율이가 농사에도 어찌나 관심이 많은지, 아버님께 이것저것 여쭙고 구경도 하고 싶대요."

그 말에 공영길 씨는 옆에서 맛나게 옥수수를 먹고 있는 율이의 머리를 쓰다듬었어요.

"아이고, 기특하구나. 다들 농사일이 싫다고 떠나는데, 똘망똘망한 게 꼭 네 어릴 때 모습 같구나."

옥수수를 다 먹은 율이는 어느 틈에 아빠 옆에서 쿨쿨 잠이 들었어요.

다음날 아침, 삽살개마냥 마당을 뛰어 다니던 율이는 장화를 신고 논일 하러 가는 할아버지를 따라 나섰어요.

탈탈거리는 경운기가 마냥 신기하고 재미난지 얼굴 가득 웃음이 떠나지 않았지요.

"할아버지, 오리들은 왜 데리고 가요? 얘들도 농사를 지어요?"

경운기에 같이 실은 오리들이 꽥꽥거리자 동그랗게 눈을 뜨고 이렇게 물었어요.

"허허허, 그게 궁금하냐? 너도 가 보면 곧 다 알게 될 거야."

그 말에 율이는 머리를 갸웃거렸어요.

할아버지는 논에 도착하자 율이를 내려주고, 오리들도 풀어 논으로 몰았어요. 오리들은 논에 들어서자마자 신이 나서 벼포기 사이를 헤집고 다니기 시작했어요. 율이의 눈이 휘둥그레졌어요.

"할아버지, 왜 오리들을 논에 풀었어요?"

"하하하, 저 오리들이 할아버지를 살렸단다."

"예? 그게 무슨 말씀이세요?"

"십여 년 전만 해도 할아버지는 농사를 지을 때 농약을 많이 쳤단다. 다 해충을 잡기 위해서였지. 그런데 농약을 많이 뿌리다 보니 이 할아버지 건강도 덩달아 나빠졌지. 매일 약을 한 움큼씩 먹곤 했거든."

그 말에 걱정이 됐는지 율이는 심각한 얼굴로 할아버지 얼굴을 들여다보았어요. 다행히 할아버지의 얼굴은 아주 건강해 보였어요.

"그때 우리 마을 이장이 오리로 해충을 잡는 농사를 지어 보자고 설득했단다. 자기도 지을 생각이라면서. 다들 처음엔 미쳤다고 손가락질하곤 했지. 하지만 오리들이 해충을 잡아먹고, 논에 농약을 안 뿌리니까 땅도 덩달아 건강해졌어. 그리고 우리가 내다파는 농작물은 더 비싼 값에 팔리더구나. 다들 이제는 오리로 농사를 짓는단다. 그래서 우리 마을을 오리 마을이라고 부르기도 하지."

할아버지의 설명에 율이가 고개를 끄덕였어요.

"이제 우리 마을에서는 농약을 쓰는 사람은 아무도 없단다. 모두 그렇게 하기로 뜻을 모았거든. 농사일은 좀 힘들더라도 그게 땅도 살리고, 사람도 살리고, 우리 경제도 살리는 길이라고 생각해서 힘을 모은 거야."

그때 율이 앞의 오리가 목을 길게 내밀며 벌레를 쫓아가는 것이 보였어요. 눈을 동그랗게 뜨고 그 모습을 빤히 보던 율이가 방긋 웃으며 할아버지를 바라보았어요. 할아버지는 그런 율이의 손을 꼭 잡아 주었지요.

산골 오지에서 부자 마을로 대변신

전남 광양시 관동마을은 지금부터 십여 년 전만 해도 가난한 산골 마을이었어요. 밤나무를 키우며 근근이 먹고 사는 데 그쳤지만, 지금은 부자 마을로 손꼽혀요. 이 같은 변화의 바람이 불기 시작한 것은 지난 2002년, 마을 이장을 시작으로 친환경 농법을 시작하면서부터였지요. 농약을 쓰지 않은 매실과 밤은 꽤 좋은 값에 농협이나 생협, 인터넷으로 불티나게 팔려 나갔어요. 처음엔 반대했던 사람들도 친환경 농법의 장점을 알게 돼 지금은 마을의 예순일곱 가구 모두 친환경 농법으로 농사를 짓고 있어요. 그 결과 2010년부터는 전라남도에서 이곳을 '생태 마을'로 정하고, 지원도 많이 해 주고 있지요.

땅도 살리고, 건강도 되찾고!

농작물에 화학 비료를 주면 더 큰 열매가 열리고, 농약을 뿌리면 해충이 죽어서 나중에 더 많은 열매를 거둬 들일 수 있지요. 그렇지만 얼마 못 가 땅도 거칠어지고, 열매에는 농약이 쌓여 사람의 건강을 해치고, 농약을 뿌리는 농민들 건강에도 해롭대요. 이 때문에 환경을 살리는 농법으로 열매를 키우고 거둬 들이는 농민들이 늘고 있

어요. 화학 비료 대신 직접 만든 유기 발효 비료를 쓰고, 농약 대신 목초액이나 오리, 우렁이 등을 이용해서 해충이나 잡초를 제거하는 방법을 쓴 거예요. 비록 농사일은 조금 고되지만, 땅도 좋아지고 건강도 되찾고 수입도 늘어 난대요. 친환경 농산물은 다른 것보다 더 비싼 값을 받기 때문이지요.

잡초와 벌레를 먹는 오리와 우렁이

벼포기 사이를 헤집고 다니는 오리는 잡초와 벌레를 잡아먹어요. 그러면 농약을 치지 않아도 해충이 벼를 갉아먹을 염려가 없지요. 그런데 최근 몇 년 동안 조류 독감이 크게 번지면서 오리를 이용해서 농사를 짓는 게 힘든 때도 있었어요. 그래서 대신 등장한 것이 바로 우렁이예요. 우렁이는 신기하게도 잡초만을 먹기 때문에 제초제를 쓰지 않아도 되지요. 또한 우렁이는 화학 비료를 쓰지 않은 곳에서만 살 수 있어요. 따라서 농약이나 화학 비료를 쓰지 않고 벼를 길러 내는 것이지요. 추수 때 거둬 들이는 벼의 양은 줄어들지만, 비싼 값으로 팔리기 때문에 더 많은 이익을 얻을 수 있어요.

11. 어린이들도 뭉치면 힘이 세요

잔소리 없는 날

소중이는 '자고 나니 스타가 돼 있더라!' 는 말을 오늘 실감했어요.

'희망초등학교 4학년 3반, 15번, 이소중' 의 이름을 모르는 사람은 대한민국에서 '간첩' 이라고 불릴 정도였지요. 학교에 가면 소중이와 친하게 지내려는 친구들이 몰려들었어요. 인터넷에서, 신문에서, 잡지에서, 라디오와 텔레비전에서 소중이는 '모르면 안 될 이 시대의 아이콘' 이 되어 있었어요.

공부를 별로 좋아하지 않는 대신 엉뚱한 것은 좋아하는 소중이는 친구들과 이런 이야기를 나누고 있었어요.

"우리 엄마가 어제 갑자기 그러는 거야. 아빠도 나도 동생도 '쉬는 날' 이 있는데, 엄마만 쉬는 날이 없다면서 '쉬는 날' 을 만들어 달라는 거야. 우리 엄마, 정말 엉뚱하지 않아?"

그 말을 듣고 소중이는 갑자기 다른 생각이 떠올랐어요.

"엄마도 '쉬는 날'을 만들어 주면 되지. 그럼, 너도 엄마한테 '너만의 날'을 만들어 달라고 해 봐."

"나만의 날? 그게 뭔데?"

"네가 제일 싫은 게 뭔데?"

"나? 학원 가는 거!"

"게임 못 하게 하는 거."

"잔소리 듣는 거."

아이들은 저마다 가장 하기 싫어하는 것을 이야기했어요.

"엄마에게도 쉬는 날을 주고, 너도 '너만의 날'을 갖게 해 달라고 그래!"

소중이의 결론은 명쾌했어요.

친구들과 헤어져서 집에 돌아온 소중이는 이걸 유시시(UCC)로 만들어 올리자는 엉뚱한 생각을 한 거예요. 유시시를 찍기 위해 아빠가 어딘가에 고이 모셔 둔 비디오 카메라를 꺼냈어요. 지난번 할로윈데이 때 썼던 마귀 모자를 쓰고 마이크를 들고 혼자 지어 낸 노래를 부르기 시작했어요.

"희망초등학교 4학년 3반 15번, 이소중! 나는 학원 가는 게 싫어. 왜 매일같이 학원에 가야 해? 영어 학원, 수학 학원, 과학 학원, 미술 학원, 종합 학원, 단과 학원, 줄넘기 과외, 축구

수요일은 학원 안 가

과외, 수영, 합기도, 태권도……. 아침부터저녁까지~ 엄마들은말하지나를위해다니는거라고하지만나는싫어학원이싫어공부가싫어하루라도학원에안갔으면좋겠어~ 수요일은학원안가는날~요! 따라해봐요,수요일은학원안가는날~!"

소중이는 '학원 안 가는 날' 이란 제목으로 유시시를 인터넷에 올렸어요. 반응이 좋아 연달아 2탄, 3탄을 만들어 올렸어요.

2탄은 '잔소리 없는 날' 이었고, 3탄은 '게임하는 날' 이었어요. 특히 초등학생들의 폭발적인 반응을 얻었고, 점차 유명해져 하루에도 수십만 명이 보는 UCC가 됐어요.

어느 날 TV 토론 프로그램에서 소중이를 패널로 초대했어요. '아이들의 권리' 라는 주제였지요. 소중이는 여러 친구들의 이야기며 블로그에 올라온 의견을 모두 읽고 토론 프로그램에 나갔어요.

날
UCC

"어린이들이 자기 권리를 보장해야 한다고 말하는데, 요즘 '어린이 권리 전도사'로 떠오른 이소중 군은 이에 대해 어떻게 생각합니까?"

사회자의 말에 소중이는 이렇게 대답했어요.

"요즘 어린이들은 놀 시간이 없습니다. 학교 갔다 와서 학원에 가야지, 그 다음엔 씻고 숙제해야지, 동영상 강의 들어야지……. 학생이 아니라 공부하는 기계 같습니다. 오죽하면 어린이들이 '학원 안 가는 날', '게임 하는 날', '노는 날',

'잔소리 없는 날' 을 만들어 달라고 하겠습니까? 엄마 아빠도 저희 같은 일정표대로 딱 한 주 만 보내 보면 어떨까요? 직접 겪으면 사랑하는 자식들을 이렇게 내몰지는 않을 것이라고 생각합니다."

프로그램 방청객으로 나온 어린이들이 환호성을 지르며 박수를 쳤어요.

소중이는 카메라를 뚫어지게 쳐다보며 이렇게 주장했어요.

"저는 우리나라 부모님께 부탁합니다. 단 하루라도 학원 안 가는 날, 공부하라고 잔소리 하지 않는 날을 만들어 주십시오. 그리고 우리 어린이에게는 이렇게 말하고 싶습니다. 우린 공부하는 기계가 아닙니다. 우리의 권리를 정당하게 요구합시다!"

이렇게 해서 소중이 부모님은 여론에 밀려 소중이에게 '잔소리 없는 날' 을 만들어 주었어요. 옆집 경호는 '학원 안 가는 날' 을, 뒷집 정우는 '게임만 하는 날' 을!

이렇게 아이들은 하나씩 자기가 원하는 날을 가지게 됐어요. 물론 이 모든 것은 소중이 혼자만 이룬 건 아니에요. 응원해 준 어린이 친구들! 우리들 모두 뜻을 함께하고, 서로 연대하려는 마음이 모아진 덕분이지요.

판문점에 나무숲을 만들어 주세요!

어린이 나무 심기 운동으로 유명한 미국의 어린이 환경 운동가 조너선 리(한국 이름 이승민)는 2010년 북한을 방문했어요. 조너선 리는 "과일나무와 밤나무가 심어져 있고, 아이들이 뛰어놀 수 있는 '판문점 어린이 평화숲'을 만들어 달라."고 북한 사람들에게 부탁했어요. 이미 미국과 한국, 중국의 대통령에게 이런 부탁을 하기도 했지요. 과연 조너선 리의 바람이 받아들여질까요? 비록 남북한 사이의 긴장이 팽팽한 곳이기는 하지만, 그 곳이 어린이들이 마음껏 뛰어놀 수 있는 평화숲이 된다면 얼마나 좋을까요?

수백 명 어린이들이 벌인 평화 운동

전쟁이나 내전이 벌어지면 가장 큰 희생을 당하는 건 어린이들이지요. 1996년, 오랜 내전으로 폭력이 끊이지 않던 콜롬비아에서 어린이들이 "제발 단 하루만이라도 폭력을 멈춰 달라."고 호소하는 편지를 보냈지요. 어린이들이 부탁한 날짜인 그 해 10월 25일, 하루 동안 콜롬비아 어디에서도 총소리가 들리지 않았고, 사람들은 모처럼

의 평화를 가슴 깊이 느낄 수 있었다고 해요. 그때부터 콜롬비아에는 '평화를 위한 어린이 운동' 이란 단체가 생겼고, '어린이 노벨상' 이라 불리는 스웨덴의 '어린이 인권을 위한 세계 어린이상' 재단으로부터 명예상을 받기도 했답니다.

초등학생도 집회를 할 권리가 있어요

2010년, 국가인권위원회는 "초등학생도 집회할 권리가 있다."는 판결을 내렸어요. 이것은 2008년, 서울의 한 초등학교에서 벌어진 일을 판단해 달라는 요청에 따른 것이었지요. 그 학교의 교사 한 분이 서울시교육청으로부터 해임되자, 일부 어린이들이 수업 시간 전에 교문 앞에서 '선생님을 빼앗지 말아 주세요.' 라며 시위를 했는데, 어른들이 피켓을 빼앗는 등 방해를 한 거예요. 국가인권위원회는 어린이들의 집회를 방해하는 것은 옳지 않다며 어린 학생들의 손을 들어 주었지요. 어린이들에게도 '의사 표현의 자유' 와 '집회의 자유' 를 보장한다는 것이지요.

12. 환자를 돌보려 전 세계가 뭉쳐요

의사에겐 국경이 없어요

톰은 후끈거리는 열기에 문득 정신을 차리고 주위를 두리번거렸어요. 천막 안은 팔다리가 잘린 환자들로 넘쳐 났어요. 톰이 밤새 전기톱으로 팔다리를 자른 환자들이었지요. 마취 없이 절단 수술을 받은 환자들은 고래고래 비명을 질러 댔고, 수술 뒤에도 진통제가 없어서 밤새 끙끙거리며 앓았어요.

'이런 아비규환이 또 있을까?'

톰은 진흙 바닥 위에 얇은 비닐 천막 한 장 깔고 주욱 누워 있는 환자들을 바라보며 이렇게 생각했어요. 그나마 천막 안에 자리를 잡고 누운 환자들은 사정이 나은 편이었어요.

공기가 통하게 하려고 들춰 놓은 천막 틈 사이로 보이는 밖은 전쟁터를 방불케 했지요. 의료진이 종종걸음을 치며 뛰어다니고 있지만, 워낙 밀려드는 환자가 많은데다 의약품이 모자라 제대로 치료받기는 '하늘에 별따기' 였지요. 다친 팔다리를 며

칠씩 아무 치료도 받지 않고 내버려두다 보니 생살 썩어 들어가는 냄새가 고약했어요.

"톰, 좀 쉬었다 할까?"

같은 외과 의사인 제라드였어요.

"오늘 안엔 구호 물품이 도착할까? 언제까지 응급 의약품 하나 없이 버텨야 하는 건지……. 후유, 사람들이 질러 대는 비명소리에 익숙해질 때도 됐건만……."

같은 심정인 톰은 아무 말 없이 고개를 끄덕였어요. 의료 봉사 새내기인 톰과 제라드는 생지옥과 다름없는 현장에 혀를 내둘렀어요. 그러나 벌써 스무 해째 이 같은 현장을 따라다니는 노련한 의사 리처드는 너털웃음을 지었어요.

"어디나 다 그렇지, 뭐. 사실 이것보다 더한 현장도 많아. 역시 초짜들이라 겁이 나는 모양이구만."

그러면서도 두 사람의 어깨를 다독이며 말해 주었지요.

"나도 처음엔 자네들 같았네. 어디 그뿐인가? 다리를 전기톱으로 절단하고는 그 자리에서 구토를 해 버렸다네. 어찌나 창피하던지. 그때 제니라는 간호사가 노련한 손길로 그 자리를 치워 주고, 나에게 얼른 냉수를 한 잔 갖다 주었지. 냉수를 마시고 나서야 메스꺼운 게 가시면서 겨우 수술에 임할 수 있었

다네. 하하하."

리처드의 말이 떠올라 두 사람은 빙긋이 서로 마주보고 웃었어요.

"어이, 거기 두 사람. 도대체 뭐하는 건가? 여기 환자가 밀려드는 거 안 보여?"

성미 고약한 팀원 조나단이었어요.

두 사람은 자리를 털고 일어났어요. 구조대가 들것에 사람들을 신고 밀려드는 게 보였어요. 다들 건물더미에 며칠씩 깔려 있던 사람들이었어요. 갑작스레 발생한 지진은 사람들의 목숨을 앗아 갔지요. 간신히 살아남은 사람들 가운데에는 팔다리가 깔려 썩어 들어가는 사람이나 척추를 다쳐 몸을 움직이지 못하는 사람들도 많았어요. 살아남은 아이들은 쓰레기더미를 뒤지며 목숨을 연명해 나가는 경우도 많았어요.

환자들은 끝없이 밀어 닥치는데 의료 물품은 턱없이 모자랐어요. 마취제, 진통제가 떨어진 것은 오래 전이에요. 이젠 수술용 메스나 톱도 구하기 힘들었어요.

어제는 이런 일도 있었지요. 구조 현장에 의사가 필요하단 지원 요청이 들어와 경험이 풍부한 리처드가 따라나섰어요.

무너진 건물더미 밑에 열 살 남짓한 한 소녀가 깔려 있는 게 보였지요. 아이의 얼굴은 창백하게 질려 있었고, 고통으로 일그러졌어요. 구조대원들이 부리나케 건물더미들을 치웠지만, 커다란 콘크리트 더미를 들어 올리려면 오랜 시간이 걸리는 해체 작업을 해야 했어요. 리처드는 재빨리 아이의 상태를 살폈지요. 열이 매우 높고, 안색이 창백한 것으로 보아 이미 깔려 있는 다리는 썩고 있는 게 분명했어요. 당장 다리를 잘라내지 않으면 목숨이 위태로운 상황이었어요.

"당장 수술을 해야 해. 안 그러면 이 아이는 곧 죽을 거요."

리처드의 말에 구조대원들이 당황했어요. 의료 기구 하나 없는 이 상황에 수술을 해야 하겠다니요? 리처드는 다급한 마음이 들어 어디서든 톱을 구해 오라고 소리쳤어요. 당장 목숨이 위태롭다는 말에 구조대원들이 흩어져서 움직였어요.

한 대원이 어디선가 전기톱을 가져 왔어요. 소독 약품도, 마취제도 없는 상황이었지만, 아이의 눈이 뒤집히면서 당장 쇼크

상태에 빠질 위기 상황이었어요. 리처드는 마음을 굳게 먹고 아이의 다리를 잘라 냈어요.

응급 수술 뒤 아이를 막사로 데려왔지요. 그게 바로 저 앞에 누워 있는 위니예요. 다행히 위기 상황은 넘겨 곤히 잠든 상태였지만, 아이는 두 다리를 잃고 말았어요. 그렇지만 리처드가 없었다면, 위니는 이미 하늘나라로 가 버렸을 거예요. 곤히 잠든 아이의 얼굴은 평화로워 보였어요. 톰은 그 얼굴을 한참 동안 바라보다가 다시 막사 안으로 들어갔어요. 자신의 손길을 기다리는 사람들이 정말 많았거든요.

국경 없는 의사회가 있어요

'국경 없는 의사회'는 1971년, 프랑스에서 만들어진 국제 민간 의료인 구호 단체예요. '국경이 없다'는 말처럼 어느 나라, 어떤 종교를 가진 사람이든 의사나 간호사들의 보살핌을 받을 수 있단 거지요. 주로 전쟁이 벌어진 곳이나 난민촌, 지진이나 해일 등 자연 재해가 발생한 곳, 전염병이 유행하는 곳에 직접 가 환자들을 치료해 주고 있어요. 해마다 세계 65개 나라 4600여 명 이상의 사람들이 활동하고 있고, 우리나라에도 이 단체에서 활동하는 의사나 간호사들이 있답니다.

환경 운동의 마스코트, 그린피스

1971년, 캐나다 밴쿠버 항구에서 열두 명의 환경 보호 운동가들이 모여 만든 국제적인 환경 보호 단체인 '그린피스'는 전 세계적으로 가장 유명한 환경 단체예요. 같은 해, 미국 알래스카의 핵실험 반대 시위를 할 때 '그린피스'라고 쓴 돛을 달고 항해하면서 단체에 이 같은 이름을 붙이게 되었지요. 핵실험, 고래 보호, 원자력 발전 반대,

방사성 폐기물 바닷물에 버리는 것 반대 등의 여러 활동을 벌였어요. 국제연합 총회에서 포괄적 핵실험금지조약(CTBT)이 맺어지는 데 가장 큰 역할을 했지요. 현재 네덜란드 암스테르담에 본부를 두고 있는 그린피스는 환경을 보호하고 평화를 증진하는 데 힘쓰고 있어요.

'국경 없는 기자회'도 있어요

세계 여러 나라의 언론 자유와 언론인들의 인권 보호, 감옥에 갇힌 각국 언론인들의 변호 및 언론 상황 감시 등을 위해 1985년 만들어진 국제적인 기자 단체예요.

또 해마다 '세계 언론 자유의 날' 인 5월 3일에는 한 해 동안의 세계 언론 자유 상황을 평가한 '언론 자유 상황 실태' 와 전 세계 나라들의 언론 자유도를 50개 항목에 걸쳐 평가해 국가별로 순위를 매긴 '언론 자유 지수' 를 발표하기도 해요. 그럼 한국은 몇 등일까요? 2006년 31위, 2009년 69위로 평가됐어요. 3년 새에 한국에는 어떤 변화가 있던 걸까요? 한편 일본은 17위, 타이완은 59위에 올랐어요.